LES TRACES DU PASSE

PAR ELISABETH DE CUNY

Synopsis

Elisabeth nous raconte sa vie depuis sa très jeune enfance jusqu'à l'âge de 62 ans. Ayant vécu dans un milieu multilingue, elle est fascinée par les personnes qui sont différentes d'elle. Cela lui procure de l'oxygène et lui permet d'élargir son horizon. Sous la tutelle d'une mère autoritaire elle a du mal à s'affirmer. Elle lui fait perdre confiance en elle. Son père et son frère sont les *piliers* de sa vie. Sa vie d'adulte est difficile, mais elle survit. Elle se bat contre *vents et marées*. Son frère se détache d'elle, car c'est ce que sa femme Armelle, jalouse et manipulatrice, souhaite.

Elisabeth n'abandonne pas et reprends contact avec ce dernier. Une vie semée d'embûches mais également de joie !

Je vous laisse le soin de la découvrir. Bonne lecture !

C'est par un beau matin de printemps du mois de juin que je vis le jour. Mes parents m'avaient donné le prénom d'*Elisabeth*.

La maternité où je suis née faisait office, à l'époque, d'hospice pour personnes âgées et était gérée par les soeurs de la congrégation de Saint Paul de Vence. C'était le médecin du village et une sage femme qui aidaient les mamans à accoucher.

J'étais la fille d'un couple d'ouvriers.

Mon père Emmanuel de Cuny s'occupait de l'entretien de la propriété de nos cousins, qui portaient le même nom de famille que nous.

Ma mère, Christine, se chargeait du ménage de la famille. Je l'aidais comme je pouvais.

Mes parents travaillaient dur.

La famille de Cuny se composait de 5 membres.

Le père, Alphonse, la mère Germaine, les jumeaux Arnauld et Raymonde et Julien le petit dernier.

Nous étions des cousins éloignés.

Les *de Cuny* avaient embauché des professeurs à domicile pour leurs enfants, ce qui n'était pas le cas pour mon frère, Jean – Charles de huit ans mon aîné, et moi ; nous fréquentions l'école publique.

Les *de Cuny* étaient fortunés; Madame Germaine possédait deux maisons sur la Côte d'Azur ainsi que le domaine. C'était une femme très sympathique et humaine.

Monsieur Alphonse ne lui arrivait pas à la cheville. Il était grincheux et hautain. Je n'ai jamais pu comprendre comment Germaine pouvait le supporter.

Mon frère, Jean - Charles, je l'adorais.

J'aimais toutes les bêtises qu'il faisait et je l'imitais. Il m'impressionnait !

Seulement lui, ne se faisait pas toujours prendre, moi oui. J'étais trop naïve, hélas.

J'aimais mettre ses pyjamas à rayures.

Jean - Charles passa le bac et fit quatre ans d'études Il devint inspecteur des impôts.

Maman était très fière de lui.

Le domaine des *de Cuny* était vaste. Il y avait 60 ares à entretenir. C'était une habitation de 1856.

Mon pauvre père avait beaucoup de travail. Il était secondé par Robert, un jeune homme de 30 ans qui résidait dans un village voisin du domaine. Nous habitions une petite maison d'un jaune clair; elle était située un peu en dehors du domaine.

Une petite rivière coulait tout près de notre demeure On y trouvait des poissons de toutes sortes. Je m'amusais à grimper aux arbres. J'étais un vrai garçon manqué.

Nous étions en location. Le loyer était heureusement abordable !   Mes   parents avaient pour ambition d'acheter une maison bien à eux. Et ils avaient réussi.

Ils l'avaient acquise à une enchère. Comme ils étaient heureux! La banque leur avait accordé le prêt.

Cette maison ressemblait beaucoup à celle où nous habitions en location.

Il y avait un petit jardin devant la maison. Comme mes parents n'avaient pas beaucoup d'argent, s'occuper du jardin était vital pour eux. Ainsi ils pouvaient économiser sur les courses. Mon père avait également quelques lapins dont il devait s'occuper.

Mais ce bonheur n'allait pas durer, hélas.

Un jour, j'avais 4 ans, mes parents m'avaient déposé chez ma grand - mère paternelle, Marie-Anne. Elle habitait seule, mon grand - père Antoine étant décédé. Je ne l'ai pas connu. Mémère était luxembourgeoise.

Mes parents avaient les yeux rougis, mon frère nous accompagnait.

Nous étions tous en vélo, moi sur le porte - bagages de papa. Ils parlaient de notre nouvelle maison qu'ils avaient acheté et d'un pyromane. Je ne comprenais pas. J'étais angoissée.

Je demandais alors à ma grand-mère:

— Mémère, pourquoi pleurent-ils, qu'est-ce qui se passe? Que veut dire pyromane? Maman et papa sont très nerveux, j'ai peur.......Dis-moi la vérité, ils ne me parlent pas. Mais je veux savoir !

— Quelqu'un a tenté de mettre le feu aux attenants de votre maison. La police qui est sur place a des soupçons, mais elle ne peut hélas rien prouver.

Mes parents avaient les mêmes doutes, mais sans preuves....... ????

J'étais sous le choc, car à 4 ans, on ne comprends pas encore le monde des adultes.

— Mais pourquoi ? on ne lui a rien fait au Monsieur. Pourquoi il nous en veut ? Pourquoi a t'il mis le feu ?

— Tu sais Elisabeth, me répondit-elle, la jalousie est un horrible défaut. Parfois les gens font des choses étranges. Certaines personnes sont envieuses des biens d'autrui et elles veulent tout détruire parce qu'elles ne peuvent l'obtenir. Il y avait un Monsieur qui voulait également acheter cette maison, mais ce sont tes parents qui l'ont acquise. Tu sais, ni nous et ni la police pouvons le prouver malheureusement. Ce Monsieur baisse toujours les yeux quand il croise maman et papa, c'est bizarre ! Tu vas oublier tout cela, tu veux un bol de lait chaud, Elisabeth ? Promets – moi d'oublier, mon petit lapin, car tu sais cela ne sert à rien de ruminer !

— Oui mémère, et tu me raconteras encore une fois l'histoire du petit chaperon rouge ?

— Mais bien-sûr ma chérie, viens au salon avec moi !

Après quelques mois mes parents vendirent cette maison, car elle avait pour eux un arrière goût très amer. Le pyromane ayant essayé plusieurs fois de leur faire peur en mettant à nouveau le feu aux attenants ; nous restions donc habiter dans notre petite maison jaune, en location bien sûr.

A chaque fois que les sirènes retentirent Jean-Charles me boucha les oreilles.

Mais cette peur m'envahissait pendant de nombreuses années. Les sirènes étaient bien évidemment déclenchées à l'époque pour faire des essais en cas d'incendie., mais je m'enfuyais à toutes jambes à chaque fois qu'elles retentissaient. J'ai mis beaucoup de temps avant que cela ne disparaisse.

Mes copains d'enfance s'appelaient Raoul et Marco.

Marco aimait rouler en vélo avec moi. C'était un petit garçon calme et gentil.

Raoul était plus espiègle. Il avait une imagination débordante. Nous faisions semblant de chercher un trésor près de la rivière. On vivait nos rêves. Il partait avec ses parents tous les ans en vacances sur la Côte d'Azur. Nous non, car nous n'en avions pas les moyens. Mais moi, je rêvais de prendre le train ou bien d'être allongée sous les palmiers ! Et j'attendais avec impatience son retour pour qu'il me raconte son vécu.

J'adorais escalader les murs. Un jour je m'étais coincée la jambe dans la rampe d'escaliers devant la maison de Raoul. La mère de Raoul avait essayé tant bien que mal de me libérer de cette fâcheuse posture avec du savon noir. Et cela avait marché ! Ma jambe était bleue. Inutile d'évoquer la leçon de morale de maman.

Un jour Raoul et moi avions escaladé un mur d'un paysan pour aller voler des pommes dans son verger. Il nous avait aperçu et nous avait chassé avec une fourche. Avec un rapidité éclaire nous passâmes de l'autre côté du mur.

Une autre fois nous roulions en vélo jusqu'à une ville voisine. Je me mit debout sur la rambarde d'un kiosque et je sautais au dessus des platanes de fleurs. J'avais vu Jean-Marais le faire à la télé et je voulais l'imiter.

Malheureusement pour moi une connaissance de maman m'avait vu. Elle alla la trouver pour lui expliquer que je jouais à la « *stunt woman* » et que c'était très dangereux. Comme d'habitude je fut punie, pas de télévision pendant quelques jours.

Nous avions comme amie commune Marie-France, qui était la fille d'un gendarme. La pauvre Marie-France fut assassinée une quinzaine d'années plus tard par un mari jaloux. C'était une jeune fille frêle, très gentille et toujours de bonne humeur. Nous jouions à cache-cache avec elle. L'école maternelle n'était pas très loin du domaine. Les élèves pouvaient arriver jusqu'à 9 heures. C'était déjà l'horaire mobile à l'époque!

Bien évidemment, j'étais dans le lot des retardataires.

Nous portions de petits tabliers pour ne pas salir nos habits, et des pantoufles.

Ah ce que je détestais ces travaux manuels! Heureusement que Mariette était là, une petite fille qui m'aidait. L'école était mixte. L'élève le plus terrible s'appelait André. Il réussissait à détourner l'attention de la maîtresse et se mit à tournoyer dans la salle de classe. Impossible de le calmer.

De 9 à 12 ans, j'étais dans la chorale enfantine et dans les scouts.

Un jour, nous avions répétition avec la chorale ; notre chef de choeur piqua soudain une crise de nerfs. Nous étions en train de parler ensemble et de rire. Cela l'avait énervé. Il prit le missel et le lança dans la salle de répétition, renversa le pupitre et nous pria de renter à la maison. Des années plus tard, maman me confia que sa femme le trompait à ce moment là. Ces nerfs avaient pris le dessus.

Le scoutisme, j'aimais beaucoup. J'étais partie une semaine en colonies de vacances. Nous dormions toutes sous des sacs de couchage. Les WC se trouvaient à l'extérieur. Après avoir fait notre toilette, nous devions nettoyer la salle des douches. Suite à mon séjour j'avais reçu de la part de ma supérieure un badge en signe de récompense.

Nous apprenions également la nature, les plantes, les arbres, les champignons. Nous chantions *Kumbaya my Lord, Kumbaya, près* du feu de camp. C'était le bon vieux temps !

J'adorais me promener dans la forêt avec papa. Il me portait sur ses épaules. En été, le dimanche, nous allions cueillir les fraises des bois ou les mûres en famille. Papa fumait quand nous nous promenions, pour éviter que les taons ne le dévorent. Il aimait les animaux. Nous avions un grand aquarium de 50 litres, des perruches et des oiseaux exotiques

Nous avons reçu la première télévision en noir et blanc avec 4 programmes en 1967. Elle datait de 1959 et était un cadeau d'un ami à papa.

Mon père me consolait souvent car maman, avait la main leste. Dès que je faisais une bêtise, elle sévissait. Il était beaucoup moins sévère qu'elle. C'était mon héros. Dès qu'il rentrait du travail, je me jetais dans ses bras. Son costume de travail sentait le cambouis, la peinture, le gazon. Mais cela ne me dérangeait pas. On allumait notre vieille radio et nous dansions sur la musique de l'époque, Johnny Halliday, les Beattles. Ah que de bons souvenirs !

Papa me préférait à Jean-Charles, je lui ressemblais beaucoup.

Maman avait l'air tellement endurcie par la vie. C'était une brave femme très travailleuse et elle avait bon coeur. Elle ne parlait pas beaucoup, mais hélas, elle était trop autoritaire !

Une sœur de maman, était décédée d'un arrêt cardiaque. Un an plus tard c'était au tour de grand-père. Nous avons cru que mémère Jeanine n'allait plus remonter la pente. Mais c'était une battante, tout comme maman, je l'avoue. Je n'ai pas connu mon grand-père maternel. C'est maman qui m'avait parlé de lui.

J'avais beaucoup plus de mal à l'école que Jean - Charles. La concentration me faisait hélas défaut.   J'excellais en langues, mais j'avais des problèmes en arithmétique. Je parlais le français, l'allemand, l'anglais, le luxembourgeois et un peu d'italien. Grand - mère Marie-Anne, la mère de papa parlait le luxembourgeois. C'est d'ailleurs elle qui m'avait appris cette langue.

Un beau jour maman m'appela à la cuisine de notre maison. Elle me dit alors d'un air solennel :

— Ecoute Elisabeth, tu as douze ans maintenant, papa et moi nous nous sommes cassés la tête en ce qui concerne ton avenir. On aimerait que tu aies une meilleure vie que nous. Nous avons pensé que tu préférerais peut-être faire quelques années d'études de commerce pour devenir secrétaire ou assistante de direction. Qu'en penses-tu?

— Oh, maman, je ne sais pas encore, assise tout le temps derrière un bureau? Je préférerai travailler dans la nature, m'occuper de fleurs, des platanes, des jardins.

Soudain le son de sa voix changea. Il devint strident et autoritaire. Ce qui attira naturellement la curiosité de papa et de mon frère qui étaient au   salon.

Ils vinrent à mon secours.

— Elisabeth, s'écria-t-elle, tu es ridicule !
Quelle mouche t'as piquée ? Mais quels revenus
vas-tu toucher, réfléchis ! Tu veux finir comme
papa et moi? Nous t'avons inscrite dans une
école de commerce pour jeunes filles à 25
kilomètres d'ici. Tu ne rentreras que le week-end.
Elisabeth, désolée, c'est pour ton bien. Nous
aimerions que tu aies un bagage en main pour
plus tard. Tu feras l'examen d'admission cette
année en juin. Tu vois ton frère Jean – Charles a
eu une proposition de poste aux impôts. Il va
faire carrière, lui !

— Mais je ne suis pas Jean-Charles,
répondis-je, l'air vexé et en colère. Je suis

Elisabeth ! Arrête de me comparer toujours à lui, cela m'énerve. Ensuite cela va vous coûter très cher cette pension.

Papa essaya de s'interposer:

— Christine, voyons ne sois pas aussi sévère avec Elisabeth. Elle peut faire plein de choses ! Laisse – la faire ce qui lui plaît voyons. Pourquoi l'obliger à faire un métier qui ne lui conviendra peut-être pas ?

Mais c'était tombé dans l'oreille d'un sourd. Maman était rouge de colère ! Elle voulait toujours avoir le dernier mot !

— Ecoute Emmanuel, nous en avons parlé longuement. C'est la meilleure solution pour elle. Tu connais ta fille, elle n'a pas envie de faire de grandes études. Mais pour faire paysagiste il faut en faire ; et ces frais là, on ne pourrais jamais les rembourser à la banque. Mais je veux qu'elle réussisse. Je ne voudrais pas qu'elle finisse sa vie comme femme de ménage ou bien vendeuse. Avec sa patience, tu la vois exercer l'un de ces métiers ? Sa patronne la mettrait à la porte dès le deuxième jour.

— J'aimerais travailler dans une serre ou dans un magasin de fleurs, vous n'aurez rien à débourser pour moi !

— Elisabeth, la discussion est close, c'est décidé, tu feras des études de commerce pour travailler dans un bureau.

Mon pauvre père ne dit plus un mot et sortit de la cuisine.

Je ne me rebiffais plus, personne n'osait lui résister ! Mon destin professionnel était scellé.

Je sortit de la cuisine en claquant la porte. J'étais énervée ! Maman décidait pour moi !

La dernière année scolaire en primaire touchait à sa fin. J'avais la chance d'avoir une institutrice qui était très compétente. C'était un paquet de nerfs, mais chez elle, nous apprenions bien. Le jour de l'examen passé, j'attendis avec impatience les résultats. J'avais un mauvais pressentiment. Et je ne m'étais pas trompée. Recalée en arithmétique! Examen de rattrapage en septembre ! C'était la catastrophe !

— Mince, que va dire maman? pensais-je. Mon coeur battait très fort. Je fondais en larmes !

Ma mère avait sa solution radicale ! Pendant toutes les grandes vacances, l'après-midi, j'étais assise dans le salon de grand - mère Jeanine. Maman m'avait donné des devoirs à faire en arithmétique. L'école primaire remettait ce genre de livre aux parents. Je ne sortais que quand ils étaient terminés. Ah, j'obéissais, il le fallait bien. Je devais à tout point réussir ces examens. Je n'aimais pas apprendre avec Jean-Charles, il était trop nerveux, et je ne l'écoutais pas. Je n'aimais déjà pas les maths et un Jean-Charles qui me prenait la tête, c'était de trop ; cela me valut une gifle, c'était ainsi. Il croyait bien faire pour m'aider et comme je n'étais pas disciplinée il sévissait !

— Tu viens jouer Elisabeth? demanda mon cousin Gérard, de deux ans mon cadet.

— Oh, je viendrai plus tard Gérard, lui répondis-je, je dois faire mes devoirs d'abord. Tu connais ta marraine !

Même ma grand-mère avait reçu un avertissement de maman. Elle n'avait pas le droit de me laisser sortir avant que mes devoirs soient terminés. Quel supplice !

Le soir maman me faisait réciter. J'avais intérêt d'apprendre mes leçons.

Gérard, ma cousine Lucienne, mon oncle et ma tante, n'habitaient pas très loin de mémère. Maman avait encore deux sœurs, dont une qui habitait au village, mais c'était à maman de prendre soin de mémère, car les autres se *lavaient les mains* en lui laissant tout le boulot.

Plus tard en septembre 1970, les résultats des examens d'admission étaient finalement tombés. Admise. "Merci Maman" pensais-je. Je lui en suis encore reconnaissante aujourd'hui. Sans son aide je n'aurai jamais réussi.

J'aimais beaucoup Gérard. Je le protégeais contre des copains un peu trop hardis. Il annonçait toujours très fier mon poids, et que c'était moi le « *chef de clan* » Les pauvres garçons s'enfuyaient à toutes jambes quand j'apparaissais ! Gérard était comme moi, il n'aimait pas trop l'école, ce qui lui valut bien sûr des réprimandes de ses parents. Nous nous ressemblions !

Le pauvre Gérard mourut d'un cancer à 46 ans. Sa première femme mourut avant lui d'un

AVC. Il avait deux enfants. Il avait retrouvé le bonheur, mais hélas, celui-ci fut de courte durée.

Ma cousine Lucienne ne s'intéressait qu'à ses livres et ne jouait pas souvent avec nous. Nous trouvions tous qu'elle n'avait pas d'imagination et s'isolait inutilement. Elle avait choisi la profession d'institutrice. Ce métier lui allait comme un gant. J'adorais tous les jeux de garçons, mais je jouais également à la poupée. J'avais un baigneur de couleur noire qui s'appelait *Mombo*. Mon poupon avait un petit costume vert que mémère avait tricoté pour lui ! C'était super nos jeux d'enfants, un jour nous étions *Winnetou*, un autre jour nous chevauchions nos chevaux en métal de la police canadienne sans oublier Zorro et Robin des Bois, nos héros de la télévision en noir et blanc de l'époque. Nous nous fabriquions des épées en bois. Gérard m'avait, sans le vouloir, frappée sur les doigts avec l'épée. Le pauvre dût ensuite se cacher !

Le chien de la voisine ressemblait à Rin tin tin. Il s'appelait Miro et était tellement gentil et affectueux. Nous le faisions participer à nos jeux. Il aimait la glace que nous partagions avec lui. Nous construisions des tentes avec des sacs en toile de jute. Les portables et consoles de jeux n'existaient pas encore. Mais était-ce vraiment important? On connaissait nos voisins, nos amis. De nos jours on a des relations virtuelles aux quatre coins de la terre, mais on oublie les gens qui habitent près de nous et qui mériteraient un peu plus d'attention.

J'adorais toujours grimper aux arbres, car de là haut je voyais le ciel, les nuages et les maisons. Malheureusement maman ne me pardonnait jamais mes habits déchirés.

Je n'oublierai jamais la course en 2CV que je fis avec mes deux autres cousins, Gilbert et Armand. Ils avaient fait la guerre d'Algérie et aimaient raconter souvent leur vie de là bas.

J'adorais les écouter. Ah, les belles années 60! On prenait le temps de vivre.

Je me rappelle de l'uniforme d'Armand quand la guerre d'Algérie était terminée. Il m'avait porté sur ses bras.

Quelques jours avant de partir à l'école de commerce, mon frère Jean - Charles m'interpella.

— Ecoute Elisabeth, je suis désolé de ce qui t'arrive. Je sais que tu voulais travailler dans un magasin de fleurs ou dans la nature, mais je pense que les parents ont pris une bonne décision. Tu sais, tu vivras mieux en tant que secrétaire. Au moins tu auras un revenu supérieur. Réfléchis ! Mais je suis convaincu que tu vas réussir, tu as de la volonté. Allez petite sœur, soit courageuse. Tu verras, cela va te plaire et le week-end tu pourras aider les parents au jardin. Nous nous soucions de ton avenir, c'est tout.

— Tu as peut-être raison Jean-Charles, fis-je en sanglotant, mais le pire pour moi est de ne rentrer que le week-end à la maison.

En partant de notre petite maison jaune, je laissais tomber deux grosses larmes. Mon père me prit dans ses bras et m'embrassa, ma mère l'imita et me donna ma petite valise pour la semaine. Jean - Charles me conduisit à l'école. Il s'était acheté une petite R 4 brune, d'occasion.

Mais c'était un *danger public*, car le fond de la voiture commençait à rouiller, et on voyait la route quand nous nous y trouvions. Il y avait placé une planche ! Mes parents n'avaient pas les moyens de lui en acheter une autre. Ensuite il avait juste commencé à travailler et n'avait pas les fonds nécessaires. Six mois plus tard le problème était réglé. Il nous présenta tout fière son R4, toute neuve, de couleur grise.

Mon école était gérée par les soeurs de la congrégation de *Sainte Elisabeth*. La mère supérieure nous attendait. Mon Dieu qu'elle avait l'air sévère; soeur Marie Luce ! De petites lunettes noires ornaient un visage durci par la vie. Elle me sourit. Mon coeur se mit à battre très fort !

— Bonjour ma soeur, fis-je en arrivant. Je suis Elisabeth de Cuny.

— Bonjour Elisabeth, enchantée! Venez, je vous montre d'abord le dortoir, ainsi vous pourrez y déposer vos affaires. Ensuite nous irons en classe.

Jean - Charles me quitta, j'avais le coeur serré, prête à fondre en larmes à nouveau.

La mère supérieure me montra ma place au dortoir. Il y avait une grande fenêtre au fond de cette salle immense. Chaque élève avait une petite armoire pour ses affaires personnelles. Cela sentait les produits de nettoyage.

— Vous devez vous coucher au plus tard à 22 heures Mademoiselle de Cuny, car nous éteignons les lumières ! Tout écart de conduite aura ses conséquences. Souvenez-vous en !

J'étais donc avertie. « Seigneur, encore une dictature, » pensais-je ! « Mais c'est une caserne ici. » !

Puis elle me guida vers ma classe où devaient se dérouler les cours. J'étais anxieuse. Mon coeur battait très vite. Soudain elle ouvrit la porte.

Devant moi venaient de s'installer 25 élèves, toutes en tabliers et chaussons. J'étais assise au milieu de la salle. Ma voisine s'appelait Marie. J'étais contente. Elle était sympathique et elle aimait discuter. Mais bon, comme cela dérangeait les cours, on ne se parlait que pendant la récréation. Avec moi en classe, il y avait également Mireille. C'était la fille du patron d'un grand magasin de vêtements. Elle était très gentille et toujours de bonne humeur. Elle avait un humour assez sec, ce qui me plut énormément. Mireille avait redoublée une année, et était donc plus âgée que nous. Notre régente était soeur Marie-Alphonse et nous l'avions en anglais. Je l'appréciais car elle était compétente et aimable. Nous commencions par prier avant les cours d'anglais et devions assister à l'office, le jeudi matin à 9 heures. L'enseignante de français était qualifiée, mais hyper nerveuse ; elle dictait tellement vite que mon écriture était de plus en plus illisible. Un jour elle vint en classe avec deux sortes de souliers. C'était marrant. Elle me faisait penser à *Tournesol* dans *TINTIN*. Le professeur de biologie était un génie, malheureusement c'était un alcoolique. Un curé nous enseignait l'arithmétique ; il s'essuyait toujours les mains sur son pantalon quand il écrivait au tableau. Son costume portait des traces de craie. Ce petit homme tout grisonnant était très intelligent. Nous l'aimions beaucoup. Nous avions cours tous les samedis matin. Nous n'étions pas aussi gâtées que les jeunes de nos jours! Mes parents devaient m'acheter une machine à écrire mécanique, une Olympia, car durant deux ans, le pensionnat ne nous mettait pas de machine électrique à disposition. Nous avions aussi deux «vieilles filles» comme professeur ; une était vraiment sympathique, mais nous n'apprenions pas grand-chose en classe, l'autre avait l'air d'un général d'infanterie, mais ses cours étaient plus structurés. Elle était compétente, je dois l'admettre.

Un jour, en rentrant du pensionnat, je vis maman sur le pas de la porte, toute souriante :

— Bonjour Elisabeth. Comment vas-tu, oh, tu as l'air fatiguée! Nous sommes fiers de toi, nous venons de recevoir une lettre de ton école. Tu as reçu une bourse. Ton école a dès à présent le même statut que les écoles publiques d'après la nouvelle loi du gouvernement. Tu pourras t'acheter une paire de lunettes avec ta prime. Continue sur cette lancée. Félicitations !

Comme j'étais heureuse. Maman ne me félicitait pas souvent.

Les quatre années d'études de commerce passèrent normalement. Je n'étais pas quelqu'un qui se liait facilement d'amitié. J'étais une élève hyper – active, solitaire, mais respectueuse envers mes enseignants et les autres élèves! Mes notes étaient très bonnes.

Maman faisait de la couture pour améliorer le budget familial et surtout pour payer ma pension. Les *de Cuny* étaient avares ! Monsieur *de Cuny* ne voulait jamais augmenter d'un centime papa. Il argumentait qu'une fois la peinture coûtait chère, une autre fois c'était la robinetterie qui engloutissait le patrimoine familial. Tout était bon pour ne pas dépenser plus.

En juillet 1974 mes parents m'envoyaient sur la côte d'Azur avec des amis de la famille. C'était leur cadeau, car j'avais réussi mon CAP et l'examen de dactylographie en trois langues.

Comme j'étais heureuse. Trois semaines en location et la mer à côté. J'achetais des poteries à Vallauris pour ma famille. Tout le monde était content. Pour l'aller et le retour je pris le train.

A l'époque les TGV n'existaient pas encore, et le voyage était long ! Heureusement que les gens étaient sympathiques qui voyageaient avec moi ! Je me retrouvais donc dans un compartiment à couchettes avec cinq autres personnes. Je n'ai jamais oublié ce premier voyage en solitaire. Les amis de mes parents étaient déjà sur place, ils avaient pris leur voiture. J'avais acheté 300 oeillets deuxième choix, mais qui étaient magnifiques. Je les avais payé 30

Francs, à l'époque ce n'était pas très onéreux. Pour le retour les jardiniers me les avaient emballés dans un grand carton. Dès mon retour, j'offris des bouquets à certains membres de notre famille ou à des amis.

Un jour, c'était un samedi soir, on entendit frapper à la porte. Madame Germaine *de Cuny* se tenait sur le pas de la porte. Nous étions très étonnés de la voir car elle ne se déplaçait que pour les fêtes. Elle me souriait.

« Tiens » pensais-je, « que nous veut-elle ? »

— Bonsoir Germaine dit maman, et elles s'embrassèrent.

— Puis-je parler à Elisabeth?

— Oui bien sûr ; elle la fit rentrer.

— Bonsoir Elisabeth, j'aimerais te demander si tu voulais m'assister dans les travaux administratifs? La propriété est grande, il faut gérer le personnel, les courses, les factures, le courrier, et moi je ne peux plus tout faire. Le médecin m'a décelé un problème cardiaque. Tu pourras en parler à tes parents et réfléchir si tu veux.

— Oh oui Madame Germaine, j'aimerais bien apprendre le métier chez vous, répondis-je. Justement j'ai terminé mes études et je dois faire mon CAP de fin d'apprentissage. Je n'aurai pas besoin de prendre le bus, c'est l'idéal et c'est tout près !

— Bon, si tu veux, tu peux commencer lundi prochain, le temps de faire la paperasserie, la déclaration pour les administrations. Il me faudra ta carte d'identité, Elisabeth. Je te la rendrai demain ou lundi.

— Voilà Madame Germaine.

— Merci Elisabeth.

J'avais seize ans et la vie d'adulte allait débuter pour moi!

Maman et papa étaient un peu hésitants, je ne comprenais pas pourquoi. Mais j'allais le découvrir bientôt!

— Tu sais, rétorqua maman, Madame Germaine est compréhensive, mais son mari Alphonse, tu dois t'en méfier, il est très minutieux et lunatique. Il ne te laissera rien passer, Elisabeth. Tu aurais dû dire que tu allais y réfléchir et nous consulter, mais bon tu dois apprendre à gérer ta vie seule. Bientôt papa et moi serons en retraite. A partir de l'année prochaine en janvier, nous allons déménager dans la maison de mémère Marie-Anne. Donc

Alphonse ne pourra plus rien nous faire, Dieu
Merci.

— Elisabeth tu peux encore lui dire non,
rétorqua mon père. Ecoute maman elle a raison.

— Mais je ne veux plus aller à l'école. Je
veux travailler !

— Bien tu feras tes propres expériences,
rétorqua papa un peu triste.

Mémère Marie-Anne était décédée trois
mois plus tôt d'un AVC. Elle avait 72 ans.

— Bah, pensais-je, je vais réussir. Ils se
cassent trop la tête.

Comme mes parents avaient raison! Alphonse n'était pas toujours d'accord avec sa femme. Il contredisait souvent ses ordres. Il me faisait recommencer le courrier plusieurs fois.

Maman et papa m'avaient prévenue, je ne voulais pas écouter. J'avais tellement peur que, quand je me trompais, je ramenais le courrier à la maison et je le brûlais dans un petit fourneau. Je ne disais rien à mes parents, mais maman m'avait entendu vomir dans les toilettes avant de partir au travail. Tout le monde s'inquiétait. Je maigrissais à vue d'oeil. Mais pas question de me plaindre, j'avais été averti !

Ce fut donc mon frère Jean - Charles qui me parla d'abord.

— Ecoute Elisabeth, nous voyons tous que tu n'es pas heureuse à ton travail. Tu as beaucoup maigri. Si tu veux, nous allons, maman et moi, venir ce soir avant ta fin de journée chez les *de Cuny*. Nous serons là vers 17 heures. Je parlerai à Monsieur Alphonse, laisse-moi faire.

— Oh Jean - Charles, merci, je n'en peux plus, c'est un tyran ! Je n'arrive plus à dormir.

— Maman et papa t'avaient prévenue, mais bon ce n'est pas grave. Cela te servira de leçon, il fallait que tu fasses tes propres expériences. De toute façon ils vont arrêter de travailler sous peu, donc personne ne pourra plus leur dire quoi que ce soit ou leur causer des ennuis.

Et je me rendis au travail, le coeur plus léger. C'était le dernier jour de mon stage de trois mois. Je n'avais pas encore signé mon contrat définitif. A 17 heures, Jean - Charles et maman étaient devant la maison des *de Cuny*.

Alphonse était écarlate quand Jean - Charles s'adressa à lui. Je crus que mon frère allait le mettre en pièces. Monsieur Alphonse lui tendit la main, Jean-Charles refusa !

Leur conversation s'envenima.

— Jean - Charles, Christine, emmenez Elisabeth. Ma femme Germaine est nettement mieux qualifiée qu'elle pour ce poste. Elle fait tout à l'envers.

— Vous savez quoi, Monsieur Alphonse, s'écria mon frère, j'emmène ma soeur loin de vous, vous ne lui avez laissé aucune chance et avez agi comme un despote aigri. Rien n'est jamais assez bon pour vous. Vous devriez avoir honte. A 16 ans, elle a eu une bonne leçon. Je vous souhaite de trouver une employée modèle, sortie de Saint Cyr que vous n'aurez pas besoin de payer en conséquence. Au revoir Monsieur Alphonse.

— Mais qu'est ce que ma fille vous a fait Monsieur Alphonse? demanda ma mère. Pourquoi l'avoir traité de la sorte? Emmanuel et moi allons quitter le domaine bientôt sans aucun regret. Si nous regretterons Madame Germaine, votre femme, qui doit vous subir tous les jours, la pauvre. Au Revoir Monsieur Alphonse. Portez-vous bien.

Alphonse n'avait plus de voix. Il était rouge de colère. J'appris plus tard qu'il avait fait partir quelques secrétaires avant moi. Comme j'étais soulagée! Le soir venu, je dormis pour la première fois depuis trois mois comme un loir. J'avais quitté mon travail et je devais en chercher un autre. Pendant mon chômage j'aidais maman à la maison et au jardin. J'écrivis beaucoup de demandes d'emploi sur mon *Olympia* !

Madame Germaine ne m'en tint pas rigueur.

Elle vint nous trouver.

— C'était une erreur d'être venue te chercher Elisabeth, me dit-elle. Je m'excuse pour le comportement de mon mari. Toi et moi avions tellement bien travaillé, mais bon, je comprends ta décision. Mon mari est impossible à vivre ! Je vais te regretter.

— J'aimais travailler avec vous Madame Germaine, vous êtes très gentille, mais Monsieur Alphonse m'a fait souffrir. Je suis désolée, je n'en pouvais plus.

— Au revoir Elisabeth, bonne chance !

Elle mourut d'un cancer foudroyant la même année, juste un peu avant Noël de l'année 1974. Alphonse avait changé, il avait enfin compris ce que sa femme représentait pour lui et les enfants. Mais c'était trop tard!

Arnaud et Raymonde, leurs enfants, avaient quitté la maison. Ils avaient ouvert un bureau d'architecte. Julien était parti à 18 ans au Canada, loin de ce père autoritaire. Il suivait des cours de commerce et de gestion.

Alphonse ne supporta pas la solitude. Un an après le décès de sa femme, il se suicida d'une balle en pleine tête. Rongé par les remords, il ne supportait plus la vie.

En janvier 1975 nous quittions le domaine des *de Cuny* pour nous installer dans la petite maison de grand-mère Marie-Anne. Je reçus une offre d'emploi d'un cabinet d'avocats. Le jour où je signais, une autre lettre me convoquant à un entretien d'embauche dans une banque me parvint. C'était en février 1975, je n'y suis pas allée, j'aurais dû !

Dommage que l'on ne prends pas toujours les bonnes décisions ! Mais quelle personne prends toujours les bonnes décisions dans la vie ?

Les débuts furent difficiles. Mais heureusement, j'avais comme collègue une jeune Belge qui travaillait déjà depuis trois ans au cabinet. Elle m'apprit mon métier. Elle était très famille. Une avocate, Catherine, que j'estimais beaucoup, partit après quelques temps pour rejoindre un autre cabinet très renommé. Elle était très compétente et gentille. J'aimais bien discuter avec elle. Elle ne prenait jamais les gens de haut, car elle n'avait jamais oublié que ses parents étaient cultivateurs. Quelques années plus tard, j'ai su qu'elle avait défendu une personne qui était soupçonnée d'un meurtre qu'elle n'avait pas commis. Le présumé coupable avait été libéré. Elle avait réussi. Malheureusement Catherine avait changé entre-temps et nous ne nous fréquentions plus. L'argent lui était hélas monté à la tête et ses méthodes me déplurent. Elle est morte il y a quelques années d'un crise cardiaque. Dommage, pensais-je. Elle avait tout pour être heureuse, comme quoi l'argent seul ne suffit pas il faut aussi que la santé sois présente.

Un jour en revenant du travail, j'avais remarqué que mon enveloppe où j'avais déposé mon salaire avait été ouverte. Je changeais de couleur. Il manquait 650 Francs. Nous étions en 1978 et cela représentait pas mal d'argent. Je devais partir en voyage organisé en Italie. J'avais des soupçons qui portaient sur une collègue, une stagiaire, mais aucune preuve. Patricia m'avait accompagné à la banque avant de rentrer au cabinet. Je l'avais vu rôder autour de mon sac à main. Il y avait bien des empreintes sur l'enveloppe. Mais le responsable du cabinet d'avocats ne voulait pas que je fasse venir la police. Il me promit un dédommagement que je n'ai jamais reçu. Je n'aurais pas dû l'écouter.

Enfin, l'image du cabinet aurait été terni, d'après lui. J'ai su par hasard, 25 ans plus tard, que Patricia avait été prise en flagrant délit à son nouveau poste. La dame qui voyageait avec moi en bus pour me rendre à mon nouveau job avait travaillé avec elle Comme quoi, le monde est petit. Mes soupçons étaient donc fondés! Patricia était bel et bien une cleptomane !

Jean - Charles commençait à sortir avec Armelle. Il l'avait connu à un bal des vendanges Elle avait une soeur jumelle, Philippine, que je préférais à elle. Armelle avait les cheveux roux acajou. Elle était professeur d'italien. Je la trouvais très intelligente mais froide, blessante et cynique. Elle avait un caractère fort et aimait piquer et provoquer les gens. Son sens de la diplomatie était quasi inexistant. Philippine était juste le contraire d'elle, chaleureuse, accueillante et bienveillante.

Maman n'était pas enchantée de sa relation avec mon frère, car enfin, nous avions une personne dans notre famille qui lui tenait tête. Elle commençait à lui créer des problèmes. Certains étaient de taille! Ce n'est qu'à la mort de maman qu' Armelle me raconta ce qu'elle lui avait fait. Je pensais en mon for intérieur, deux personnes identiques de caractère, cela ne peut pas marcher. Armelle n'avait jamais fait de cadeau non plus à maman. L'ambiance devenait insupportable à la maison. Papa, lui, ne disait pas grand chose, car il se faisait tout de suite remballer par maman. Il en était de même pour moi.

Ensuite mon frère décida de déménager ailleurs avec Armelle. Enfin nous respirions à nouveau. L'atmosphère était devenue plus sereine. Jean-Charles venait nous voir souvent, mais sans Armelle. Enfin, je ne la regrettais pas de trop. Après un an, Armelle accoucha de jumeaux, André et Marie-Louise. Le contact avec mon neveu et ma nièce est cordial mais rare.

Nous ne nous voyons que pour des occasions spécifiques.

Armelle perdit une de ses sœurs ainsi que sa soeur jumelle Philippine dans un laps de temps de trois ans. Elles moururent toutes les deux d'un cancer Sa mère mourut quelque temps plus tard. Elle était démente. Ce n'était pas pour arranger les sautes d'humeur d' Armelle.

Je n'ai jamais oublié Philippine. Nous nous apprécions. Je vais souvent au cimetière sur sa tombe ainsi que sur celle de mes parents. De temps à autre je lui ramène des fleurs, car je sais qu'elle les adorait !

J'avais une amie, Marie-Claire, avec laquelle nous organisions nos sorties en discothèque et dans des bals populaires. Nous nous entendions très bien. Elle est verseau et moi gémeau. Nos parents gardaient aussi des lapins. Quand nous sortions, nous nous arrêtions en pleine campagne pour cueillir des plants de mais à la tombée de la nuit. Le tout était de ne pas nous faire prendre. Ensuite nous partions en Belgique tout près de la frontière dans un château qui faisait office de dancing. Nous revenions le matin et nous nous arrêtions en route pour acheter des croissants pour toute la famille.

Nous partîmes quelques fois en vacances ensemble. Je n'oublierai jamais nos vacances d'hiver avec elle, une amie, mon frère et un ami de Jean-Charles. Elle se maria et eut deux enfants et malheureusement nous nous sommes perdues de vue. Mais la vie allait nous réserver une surprise de taille, car nous allions nous revoir des années plus tard !

Ma première voiture fut une voiture d'occasion, une R 6 que j'avais acheté au cousin de mon père. Mal m'en avait pris. Elle tombait souvent en panne. A la fin le fond allait céder ; j'ai donc dû me résoudre à la mettre à la casse.

Maman ne s'est pas privée de dire au cousin qu'il n'avait pas été honnête avec moi.

Je m'acheta donc une 4L. Elle avait une excellente tenue de route, mais malheureusement elle n'était pas étanche, et quand il pleuvait j'avais les pieds mouillés. J'ai donc décidé de colmater les fuites avec de la silicone et d'enlever la rouille sur le plancher. Ensuite un coup de peinture et on ne voyait plus rien ! Un an plus tard je la vendis et je j' une Mazda. C'était une bonne voiture mais les amortisseurs étaient trop durs. Le véhicule avait du mal à tenir la route en hiver !

Je n'ai pas oublié non plus mes vacances avec Marie-Christine et Laure mes petites cousines qui habitaient tout près de St. Avold. J'avais 18 ans à l'époque. Elles étaient venus nous voir, or moi je travaillais déjà. Après quinze jours j'avais enfin mes congés et je partis avec elles également quinze jours.

Leur grand-mère était apparentée avec mémère Jeanine. Nous fumions en cachette des cigarettes à la menthe et on se cachait dans une ancienne chapelle désaffectée. Nous cueillions des mirabelles et devions bombarder une génisse qui ne voulait plus nous laisser redescendre de l'arbre.

Ah que les bals à l'époque étaient peuplés et joyeux. Nous dansions le twist sans

chaussettes. Et toujours avec un autre cavalier !
Ma famille était géniale, et l'est encore. Nous
nous contactons souvent par le biais d'internet.

Un jour Marie, la maman de mes petites-
cousines me prêta son ancienne bycyclette.
J'avais oublié que l'on devait freiner l'engin à
l'aide des pédales; c'était un ancien modèle. J'ai
eu beaucoup de chance, car j'ai failli me
retrouver sous un tracteur. Je devais avoir un bon
ange gardien à l'époque.

Maman commença à me presser pour que
je me marie. Elle était de la vieille époque ! Le
mariage n'était pas mon truc. J'avais l'impression
de suffoquer.

Je m'étais même inscrite dans une agence de rencontres, mais en y réfléchissant, c'était pour lui faire plaisir et non pour trouver l'âme sœur que je ne trouvais bien évidemment pas !

J'avais rencontré quelques jeunes hommes fort sympathiques, mais en mon for intérieur je savais que la vie de couple n'était pas faite pour moi. Il m'aurait fallu juste une personne que j'aurais pu fréquenter le week-end ou pour des sorties et un peu d'intimité. J'aimais sortir avec mes amies en boîte ou dans des cafés.

J'avais beaucoup d'admirateurs à l'époque, je l'avoue. Les occasions ne manquaient pas. Les gens me voyaient pourtant comme asexuelle.

Mais ils s'étaient trompés! Je me réfugiais derrière mon travail. Disons que maman m'avait *castrée* en quelque sorte.

Après quinze ans passés chez les avocats, j'en avais assez. Je n'obtenais jamais un centime de plus et ils avaient aboli le paiement des heures supplémentaires. Et ce n'était jamais le bon moment pour les récupérer. De plus, comme je n'étais pas mariée, il fallait bien que mon salaire augmente un peu. Je ne pouvais pas entreprendre grand chose avec ce revenu. Pas de prêt pour quoi que ce soit.

Je commençais donc à écrire à nouveau des demandes d'emploi, mais cette fois - ci je m'adressais à des banques étrangères au Grand-Duché de Luxembourg. Je reçus une réponse favorable en juillet 1990. J'étais embauchée pour novembre 1990. Mon préavis était, hélas, de trois mois. J'étais très contente et fière. Toute la famille me félicitait !

Mon père Emmanuel m'embrassa et me dit:

— Elisabeth, je suis fier de toi, tu vois tu feras ta vie comme Jean-Charles, je ne suis pas inquiet, je te fais confiance. Bravo ! Continue sur cette lancée !

Ma mère me félicita également. J'étais étonnée. Au fait elle était très contente que je gagne mieux ma vie !

Un jour, elle était dans notre buanderie. Je la suivit et lui dit:

— Ecoute maman, j'aimerais faire ma vie en ville. Je voudrai déménager d'ici.

Qu'est ce que je n'avais pas dit là. La tornade était déclenchée.

Soudain, j'étais la fille ingrate qui délaisse ses parents. Elle avait prévu autre chose pour moi. Je devais vivre sa vie et non la mienne. Plus jamais nous n'abordions ce sujet, et je crois que j'avais fait la plus grande erreur de ma vie. Mais bon, aurait-elle été meilleure ? Personne ne le sait ! C'était comme si j'avais reçu une gifle. Je n'aurais jamais dû l'écouter ! Mais avec des si on ne refait pas le monde.

Mon nouveau travail me plaisait. Nous étions trois jeunes femmes à dactylographier toutes sortes de documents que nos supérieurs et nos agents nous présentaient. Je découvris vite que l'amitié n'existe pas ou est très rare au travail. Mais il y avait des exceptions. L'ambiance était encore pire qu'au cabinet d'avocats. Dommage, pensais-je. Ce serait beaucoup plus facile si la jalousie n'existait pas. Hélas c'est humain.

Ensuite ils n'avaient pas encore installé des systèmes informatiques performants. Je devais travailler avec des disquettes, moi qui avait déjà l'habitude de travailler sur des ordinateurs et non des machines à écrire démodées. Je me rappelle encore du vieux télex avec son ruban jaune, ah comme c'était compliqué !

En 1993, je fis la connaissance de Mylène. Elle travaillait dans le secrétariat général de la même banque que moi. J'étais employée dans un autre service qu'elle. Elle était née la même année et le même mois que moi. "Il n'y a pas de coïncidences," pensais-je. Nous nous entendions très bien tout de suite. Un an après notre rencontre elle changea de département et fut embauchée comme secrétaire de direction. J'avais postulé pour le même poste qu'elle, mais mon responsable ne voulut pas me laisser partir. Elle avait une fille, Charlotte qui avait réussi ses études d'ingénieur et qui travaillait dans une grande société d'électricité au Royaume Uni. Elle a changé de poste plusieurs fois. Le mari de Mylène travaillait dans les assurances et quelques années plus tard il changea de métier pour devenir agent immobilier. Le pauvre n'est pas en bonne santé, mis il a un caractère d'ange, je l'avoue. Mylène avait le même sens de l'humour que moi. Par contre elle était beaucoup plus terre à terre et elle n'était pas spirituelle, moi oui. Elle avait une préférence pour les chats, moi pour les chiens et elle était beaucoup plus critique que moi. D'ailleurs nous n'avons pas changé toutes les deux! Nous nous soutenions toutes les deux.

Quand je n'allais pas bien, je me réfugiais dans mon monde imaginaire de chanteurs, artistes, auteurs, peintres. Je confectionnais des caricatures d'animaux. Cela m'évitait de tomber dans d'innombrables dépressions chroniques, hélas, une pathologie dans notre famille. Mylène avait un don, elle savait m'écouter et me conseiller. Il en était de même pour moi. Nous sommes restées amies jusqu'à ce jour. Même pendant ma retraite nous nous voyons le plus possible. Cela me permet de sortir.

Ensuite, quelque chose se produisit dans ma vie sentimentale ! Je découvris soudain que j'étais tombée amoureuse d'une de mes collègues à la banque.

— Impensable, pensais-je.

— Comment est-ce possible, mais que se passe-t-il ?

— Suis-je normale ?

Mais ce n'était pas réciproque, hélas. La dépression nerveuse était assurée.

J'ai toujours caché mon homosexualité à mes parents. A maman je l'ai dit très tard. Elle avait « pris note » mais ne l'a jamais accepté, elle le savais sans que je lui en parle. Papa n'était déjà plus de ce monde. Il n'a jamais rien su. Il l'aurait peut-être mieux accepté que maman, j'en suis encore certaine aujourd'hui. J'allais donc voir un psychologue, mais il ne m'a pas beaucoup aidé. Son cabinet ferma quelques temps après. Au bout de deux semaines, je repris mon travail. Je demandais ma mutation dans un autre service ce qui me fut refusé. Kurt, mon chef de bureau, ne voulait pas me laisser partir ! Mes sentiments pour *elle* s'estompaient avec le temps, heureusement. Elle ne m'aurait jamais épaulée, hélas. Elle était de confession musulmane. Ce n'était pas sa religion qui me dérangeait mais son hypocrisie et sa fainéantise. Elle cherchait toujours la facilité pour obtenir ce qu'elle voulait. Je ne stigmatise jamais une religion, car c'est la personne et son respect qui sont importants pour moi, non sa confession. Ensuite elle aurait été très fan de ma carte de crédit.

En 1994 la première grande réorganisation était prévue à la banque. Une de mes collègues changea de travail pour l'Union Européenne. Je fus donc convoquée chez Kurt et il me dit que j'allais être sa secrétaire ; il n'était pas facile, mais il avait bon coeur. Il n'était pas matérialiste, mais coléreux.

Au moins lui, m'avait octroyé une augmentation. Les garçons de course l'entendaient crier mon nom jusqu'au premier étage. Il était lunatique, mais en réfléchissant, je dois admettre qu'il n'était pas une mauvaise personne. Avant moi, il avait eu deux autres assistantes qui avaient démissionné, personne ne supportant son caractère instable. Sa femme Maria était tellement aimable. Nous discutions souvent ensemble au téléphone. Elle me rendit visite deux fois quand j'étais en arrêt de travail. Je m'étais cassée la rotule en tombant dans les escaliers. Mon dieu, six semaines à la maison, entre les mains de maman ! Maria s'entendit très bien avec maman. Hélas, elle mourut deux années plus tard d'un arrêt cardiaque. Malheureusement, je n'ai pas pu lui dire au-revoir. Cela m'a énormément peiné pendant de longs mois.

En novembre 1998, mon père Emmanuel mourut. Il avait 74 ans. Son coeur n'avait pas supporté une opération des intestins. Mon frère avait plus de mal que moi à faire son deuil. Je «m'accrochais» à maman. Ce n'était certainement pas de l'égoïsme, mais une certaine façon de surmonter le drame. C'est une chose que Jean-Charles et Armelle m'avaient reprochée. Ils ont toujours prétendu que j'avais moins de peine que lui. Maman et moi étions épuisées, car souvent papa toussait la nuit et nous réveillait. Il était asthmatique. Maintenant que papa n'était plus de ce monde, maman était devenue encore plus possessive. Mais bon il fallait bien continuer à vivre.

La vie n'est hélas pas un fleuve tranquille.

Un jour Charlène, une amie, m'appela:

— Ecoute Elisabeth, j'ai une amie qui est homosexuelle, si tu veux, tu peux la rencontrer? Je ramènerai également une collègue de travail. Pour une fois je vais sortir avec vous dans un endroit qui ne m'est pas trop familier. Je suis curieuse de voir ça. J'ai pensé que nous pourrions aller dîner d'abord chinois, ça te dit?

— Oh Oui Charlène, d'accord. Je passe te chercher vers 19 heures. Je t'avoue que j'aimerais bien connaître moi aussi cet endroit et cette femme.

Je n'avais jusque là jamais fréquenté ce genre d'établissement.

Le samedi venu, j'étais un peu anxieuse. Comment cette soirée allait-elle se dérouler?

Devant moi était assise une très belle jeune femme blonde. Elle s'appelait Lucie. Lucie était sourde. Elle portait un appareil auditif très sophistiqué du nom de *COSHLEAR*. Charlène avait ramené également sa collègue de travail, Marie. Cette dernière avait les cheveux bruns et était en instance de divorce et je compris beaucoup plus tard qu'entre-temps elle avait changé d'orientation sexuelle.

Après notre dîner, nous nous rendîmes dans un petit café gay où l'ambiance était joviale. La clientèle y était mixte. Les serveurs étaient de gentils gars qui aimaient discuter. La musique était bonne et j'adorais danser. J'aimais beaucoup les chansons de *Cher* et de *Mylène Farmer*. J'avais voulu faire la cour à une jeune femme très maquillée. Quand «il» m'adressait la parole je me rendis compte que c'était un homme. J'étais gênée. Il m'arrivait de le revoir encore de temps à autre. Il était toujours aimable avec moi et on rigolait bien !

Il m'avait raconté qu'il avait des jeunes hommes qui logeaient chez lui gratuitement, mais il les faisait faire le «trottoir». Il valait mieux l'avoir donc comme «ami» que comme ennemi ! Je compris très vite !

Un homme qui était accoudé au comptoir me dit:

— Eh toi, fais attention, nous ne sommes pas à l'église ici. Je devais avoir l'air naïve !

Soudain Marie commençait à me piquer au sujet de maman ; elle disait que je n'étais pas encore autonome, que j'avais raté ma vie. Je ravalais ma salive et ne dis plus un mot. Mais j'allais prendre ma revanche sur elle. Elle m'avait rabaissée et ridiculisée devant tout le monde. Les autres rigolaient.

Lucie me signifia tout de suite que je ne l'intéressais pas. Heureusement, car ce que j'appris sur elle beaucoup plus tard ne m'a pas fait plaisir du tout. En effet, Lucie n'était pas sérieuse. Elle fréquentait plusieurs partenaires en même temps. Nous sortions de temps en temps boire un verre ou jouer aux quilles ensemble comme des "*collègues*" qui s'entendaient bien, mais rien de plus.

Un jour quand nous quittions une soirée où nous avions joué aux quilles et mangé un morceau, je vis sur la vitre arrière de mon véhicule qu'un homme s'était déchargé sur ma voiture. L'homophobie était belle et bien présente !

Quelques mois plus tard quand nous étions dans le petit café gay que j'aimais tant, je revis Marie. Elle était accompagnée de Carine, une femme que je connaissais. Elles sortaient ensemble. Marie ne pouvait s'empêcher de me provoquer à nouveau. Mais cette fois ci, c'est moi qui eu le dessus. Elle resta bouche-bée. Je la prévint que, si elle ne cessait pas de m'énerver et de me provoquer que j'allais sévir ! Carine essaya de me calmer. Je lui dis qu'elle aurait une surprise de taille avec Marie, car c'était une agitatrice et une manipulatrice.

Je ne m'étais pas trompée !

Des années plus tard, je revis Carine. Je me trouvais chez un photographe, elle également. Marie l'avait ruinée. Elle dut vendre sa maison car elles ne s'entendaient plus et avaient fini par se séparer.

— Tu m'avais prévenue, dit-elle, je ne t'ai pas écoutée. L'amour m'avait rendu aveugle.

Plusieurs années plus tard, Carine mourut. Elle fit un arrêt cardiaque lors d'une intervention bénigne.

C'était un choc, car elle devait avoir à peine 65 ans.

J'avais rencontrée quelques femmes avec lesquelles j'avais eu des liaisons assez brèves. Mais je ne sortais jamais avec deux femmes en même temps. Ce n'était pas pour moi. En 2000, je connus une amie de coeur, Christine. Cette relation m'avait beaucoup marquée. Elle était de 20 ans ma cadette. J'avais 42 ans et elle 22. Elle voulait devenir professeur d'anglais. Nous sommes sorties 8 mois ensemble. C'était une histoire d'amour qui m'a coûté très cher, mais que je n'ai pas regrettée. Au moins j'étais heureuse à l'époque !

Mon euphorie n'allait hélas, pas durer. Depuis quelques semaines Christine avait changée. Je soupçonnais une autre relation, et en effet je ne m'étais pas trompée.

Le dernier jour, elle me dit une phrase qui est restée ancrée en moi: « Tu me dégouttes ». Pourtant quand c'était pour payer les additions diverses, elle n'avait rien contre. Je ne dis pas que j'ai, ou que j'avais un corps de rêve, mais il y a pire. Mais bon c'est la vie, elle n'est pas un fleuve tranquille. Il fallait vivre avec cette rupture, mais cela m'avait beaucoup affligée.

J'ai mis beaucoup de temps à me remettre.

L'élue de son coeur était Lucie et c'est moi qui les avais présentées l'une à l'autre. Incroyable mais vrai. « Grotesque » pensais-je. Donc, on m'avait trompé deux fois. J'ai mis pas mal de temps à oublier Christine, contrairement à elle, car elle n'en resta pas là. Elle avait fait de nombreuses *victimes* dans le milieu homosexuel et ailleurs également. J'ai signifié à Lucie qu'elle ne faisait plus partie de mon cercle d'amis.

J'avais connu aussi un DJ très sympathique, Brice, qui, quand il me voyait en boîte, me mettait toujours du *Mylène Farmer*. Il est cuisinier de profession et nous nous sommes revus à la banque où je travaillais jusqu'en 2015. Il travaillait à l'époque pour une chaîne. Nous sommes restés amis.

Au bureau, le stress commençait à augmenter. Nous allions de réorganisation en réorganisation. Nous devions noter combien de travail nous abattions et le temps de travail à côté. J'avais l'impression de me retrouver dans une banque américaine !

Entre-temps ma deuxième collègue avait été licenciée. Ce licenciement était fondé. Elle se reposait sans cesse sur moi et cela ne pouvait plus durer. Le nouveau chef avait sévi.

Comme assistante, il ne resta plus que moi.

Le nouveau supérieur, Henri, je ne l'appréciais pas, il était très lunatique. J'allais être formée *sur le tas* pour de nouvelles missions qui allaient m'être confiées. J'étais très motivée: je dus, avec seulement un CAP de secrétariat, faire un travail pour lequel on devait avoir BAC + 4. Il n'y avait pas tellement de formations à l'époque.

Un jour sa femme m'avait invité à un déjeuner. En plein déjeuner elle me signifiait que mes habits n'étaient pas ceux d'une employée bancaire. Son mari s'était plaint ! Quelle hypocrisie, pensais-je. Dommage que je n'ai pas eu le courage de la plaquer en plein repas ! J'étais habillée comme il faut.

Durant 25 ans dans cet établissement financier, je n'ai reçu que 3 augmentations. Bien sûr, je voyais cela de mon point de vue. Ailleurs c'était certainement encore pire. Une petite reconnaissance, même de 20 Euros m'aurait motivée. Mais rien du tout. J'avais atteint le plafond me disaient-ils tout le temps.

J'avoue que je n'étais pas sans défauts mais j'ai toujours tout fait ce que l'on me demandait. On me chargeait de plus en plus. De nombreuses heures supplémentaires étaient continuellement à l'ordre du jour. Ma santé allait en pâtir. Mon moral également. Je m'affaiblissais de plus en plus.

Je devais ma dernière augmentation à Sandy, une jeune allemande qui était ma chef de groupe. C'était en 2006, juste un peu avant son départ. Elle avait découvert que j'étais très spirituelle et que je devinais certaines situations. Je pourrais, ici, citer de nombreux exemples car j'avais toujours des témoins.

J'avais prédit à Sandy des choses qui sont arrivées dans sa vie.

Sandy était une jeune femme humaine, sévère mais juste. Hélas, après deux ans elle partit au Malawi. Son sens d'aider les plus démunis était très fort. Elle travaille actuellement pour une organisation humanitaire. Elle fait des projets dans ce sens. Dommage que l'on ne se reverra plus jamais. Henri, quant à lui mourut en 2020. Les causes de sa mort me sont inconnues.

En 2006, après son départ, Josette, une jeune française de notre filiale de Paris allait être ma nouvelle chef de groupe. Elle nous promettait beaucoup, mais n'avait pas les compétences pour assumer le tout. De nombreuses personnes partirent à cause de cela. Josette nous motivait avec du vent !

Elle n'était pas la bienvenue dans nos locaux, n'ayant pas été choisie par le chef de service, mais par un haut gradé de notre maison mère. Dans les autres filiales il y avait eu des licenciements et tout le travail allait être transféré chez nous. Il y avait beaucoup de concurrence et de jalousie. Elle ne savait malheureusement pas mener une équipe. Nous étions constamment en sous-effectifs. Les heures supplémentaires étaient de mise une fois de plus. Le bureau du personnel m'avait appelé à ce sujet et je recevais également des réprimandes de Josette. Que voulait-elle ? Se protéger, je pense. C'était soit avoir des remarques au sujet du retard dans nos tâches, soit sur le nombre d'heures supplémentaires.

Dommage que je ne suis pas allée voir mon syndicat ! Josette avait peur des syndicats !

Je subis, hélas, moi-même du harcèlement moral pendant plusieurs années, car je soutenais toujours les chefs de groupe. J'essayais de rester loyale et de ne pas participer aux complots. Je n'étais pas un *lèche - bottes* certes, ce n'était pas dans mes habitudes. On pouvait tout me reprocher mais certainement pas d'être manipulatrice ou manipulée. J'étais pourvue d'une authenticité *sans filtre*.

Ceci déplut fortement aux concurrents de Josette qui adoraient les chemins plus faciles à emprunter que moi. Mais quand les petits requins nagent dans un grand bassin rempli de requins plus féroces qu'eux, ils risquent de se faire dévorer à leur tour. Ils allaient avoir le retour de bâton !

En 2007, j'avais aidé le mari de Josette, Christian, à obtenir un poste chez un architecte. Pour me remercier, elle m'invita chez elle un dimanche à 15 heures. Je remarquais que son mari ne me parlait que très peu. Il était occupé sur l'ordinateur. Je partis après 1 h 30 en me posant plein de questions. Pourquoi m'avait-il pratiquement ignoré ? Et Josette était bizarre. Elle n'avait même pas préparé la table et avait sorti en vitesse de la glace du congélateur.

Comme si je n'étais pas la bienvenue. Cela me déplut fortement ! Ils avaient l'air de s'être disputés. Heureusement que son fils de 5 ans me parlait pour me dire que le cadeau que je lui avais ramené ne lui plaisait pas ! La vérité sort toujours de la bouche des enfants et des ivrognes !

Quand je revins à la maison une seconde déception m'attendait. Elle était de taille!

En allant déposer le sac de déchets dans la poubelle, je trouvai une bouteille de vin blanc, vide. J'eus un choc, car je découvris que maman avait bu. J'avais souvent remarqué qu'elle avait des sautes d'humeur, et après un petit somme elle allait mieux. Elle m'avait fait beaucoup d'histoires dans le voisinage. Actuellement je n'ai plus de soucis avec mes voisins. J'ai tout fait pour que l'atmosphère devienne plus sereine. J'allais m'excuser auprès des voisins en leur offrant du vin ou du champagne. Heureusement qu'ils ne m'avaient pas tenu rigueur ! Ils savaient pertinemment que c'était maman qui réclamait pour des broutilles et non moi.

Ma spiritualité m'a aidé à supporter cette situation avec elle. A 80 ans, une personne ne change pas, surtout si elle n'en a pas la volonté et le désir. C'est moi qui devait donc changer et m'adapter sans cesse. Nous avions eu de nombreuses altercations, mais cela ne servait à rien du tout. J'avais donc décidé de faire de la sophrologie, ensuite j'ai pratiqué le Reiki pour me soulager. Le médecin lui avait prescrit des anti-dépresseurs, hélas elle ne les a jamais pris.

Je repensais sans cesse au mari de Josette. Pourquoi ce comportement étrange, cette indifférence lors de ma visite ? Je pris mon courage à deux mains et je téléphonais à l'architecte. Christian avait été licencié, car il revendiquait toujours beaucoup de choses et son travail laissait à désirer. C'était cela alors ...... !Je n'ai rien dit à Josette. Je compris vite qu'elle n'était pas honnête car jamais elle ne m'en avait parlé !

J'ai subi en outre aussi du harcèlement de la part de certains enfants du voisinage. Un jour pour nouvel an, ils avaient déposé tous les cotillons dans notre jardin. Dès que je m'approchais de leur maison, ils m'insultaient ou riaient de moi. Un dimanche matin, après une dernière attaque où ils m'avaient cassé un morceau de volet, je pris mon courage à deux mains et j'allais déposer plainte à la gendarmerie. Depuis ce jour là, le harcèlement a cessé. La jeune femme qui a environ une trentaine d'années maintenant, est une manipulatrice narcissique et n'est pas aimé dans notre village. J'avais averti son copain de l'époque avec quelle personne il sortait. Finalement après 9 ans il la quitta. Par un pur hasard je me suis liée d'amitié avec la mère du jeune homme en promenant mon chien. On en a parlé et le jeune homme a avoué qu'il s'était lui-aussi fait manipuler par cette jeune femme.

Je n'ai jamais su pourquoi elle l'avait fait, est-ce que maman lui avait dit quelque chose, je l'ignore. La seule chose que je lui ai dite, c'est d'arrêter de jeter des pétards dans notre jardin, en lui offrant encore du chocolat. C'était une bien triste histoire, et quelques années plus tard, j'ai su qu'elle et ses jeunes amis avaient aussi lancé des pierres dans les fenêtres d'une collègue de travail. Son mari les avait dissuadé de revenir.

En 2009, lors du congé de maternité de Josette, la direction nous convoqua, ma coéquipière et moi. Nous pensions aller à une réunion de travail. Quelle erreur!

Le chef de bureau, un allemand, l'adjoint de ma chef de groupe, Hubert, et une employée, Françoise, qui étaient responsables de ma formation essayèrent de nous faire partir en exerçant de la pression sur nous, car à ce moment là, nous avions fusionné avec une autre banque. Comme nous travaillions depuis de nombreuses années, notre licenciement aurait coûté très cher à la banque. Ma collègue et moi étions accusées de beaucoup de choses, certaines étaient exactes, mais d'autres pas. Ce n'étaient pas des raisons valables de licenciement. Nous avions fait toutes les deux la même erreur, donc quelque chose n'était pas clair. Ils avaient monté un dossier contre nous. Mais moi, j'étais encore beaucoup plus accablée. Sur elle, je ne pouvais pas compter, car elle retournait sa veste peu de temps après en sympathisant avec un de nos détracteurs.

Ils nous reprochaient en outre de ne pas être performantes en ce qui concernait le nouveau programme informatique. Or, c'était un mensonge, car celui-ci venait tout juste d'être introduit. C'était le système de la banque qui avait fusionné avec nous. Bizarrement on nous formait quelques jours plus tard sur le tas. Quelle hypocrisie pensais-je ! Quand on demandait des renseignements nos formateurs n'avaient pas le temps, et quand on faisait le travail et que l'on se trompait ils sévissaient. C'était du « *mobbing* ».

J'adorais enseigner aux jeunes recrues, cela me donnait un brin d'oxygène. J'aimais expliquer les choses et le travail en métaphores. C'était plus facile pour moi et pour eux. Tout ceci s'était passé pendant l'absence d'Armelle, qui était en congé maternité. Ses adversaires avaient sévi!

Jusqu'à ce jour je n'ai pu oublier cette injustice et cette pression qui m'ont pris toute mon énergie positive. Avec le temps cette plaie s'estompera, je l'espère. Je ne pourrai jamais assez remercier ma chef du personnel, Marie-Claude qui m'a soutenu lorsque je lui en ai parlé. Elle m'avait demandé un écrit avec tout ce qui m'avait été reproché. Plus personne ne m'embêta à ce sujet et tous mes protagonistes quittèrent le département quelque mois plus tard pour des motifs divers, tant mieux pour moi !

Marie-Claude m'avait crû, c'était la chose la plus importante ! Ce qui était le plus glauque dans toute cette histoire, c'est qu'il n'y avait rien de négatif stipulé dans mon évaluation !

Après ma retraite j'ai su que Françoise avait été quittée par son ami, qu'elle avait subi une grave dépression et qu'elle avait fait une fausse-couche. Hubert avait failli être licencié et avait trouvé du travail ailleurs. Il doit travailler beaucoup et je pense qu'il n'apprécie pas trop son nouveau travail. Quant au chef du département, il avait été muté à Francfort et depuis on l'a changé deux fois de service.

Puis arriva juillet 2010 !

J'étais en train de déjeuner avec Mylène. J'étais inquiète au sujet de la santé de maman. J'avais un drôle de pressentiment. Elle se plaignait d'un engourdissement de la jambe droite et devait passer un scanner. Mylène essaya de me rassurer. Quelques jours auparavant nous étions allées à l'hôpital afin qu'elle passe des tests.

Dans l'après-midi, il devait être aux environs de 15 h. 40, je téléphonai à maman. Elle mit longtemps à décrocher. Soudain, après d'interminables secondes, elle répondit. Elle était quasiment inaudible. Elle murmura :

— Je suis en train de mourir, appelle ton frère et la voisine. Je viens de faire une attaque. Ce furent ses dernières paroles !

Mon sang se glaça. J'agissais comme un robot. Ma collègue me ramenait à la maison.

Elle mourut dans la nuit suivante des suites d'un AVC et d'un arrêt cardiaque. Nous l'avions fait hospitaliser, mais c'était trop tard.

Son petit chien Topaze était tellement triste. C'est notre voisine Marie, qui le sortait quand j'étais au travail, car j'étais absente pendant 12 heures ; le trajet était très long. Je ne pouvais pas confier Topaze à ma famille, car Jean-Charles et Armelle avaient des chats.

J'étais très reconnaissante envers ma voisine Marie car son dévouement et sa gentillesse sont jusqu'à ce jour inestimables. Marie a fait des économies avec ce que je lui donnais pour le gardiennage car sa retraite n'était pas faramineuse.

Je vivais donc seule depuis juillet 2010. C'était nouveau pour moi, mais parfaitement gérable car les *gémeaux* ont mille choses à faire, et de nombreuses personnes à voir ; ils sont souvent débordés, mais adorent être occupés constamment.

Un autre mode de vie se présenta à moi.

Je pouvais enfin gérer mes invitations, mes dîners et sorties avec mes amis comme bon me semblait. Jean-Charles et Armelle s'occupaient beaucoup de moi, mais un peu trop à mon goût !

Ma porte était toujours ouverte pour mes voisines qui s'étaient données la peine de rendre visite à maman.

En 2011, je fis la connaissance de Mary, une professeur d'anglais.

Je l'avais contacté sur un site de rencontres. Elle était très gentille. Elle avait deux enfants. Je tombai rapidement sous son charme. Ses enfants étaient partis en Angleterre. Hélas, notre belle histoire ne dura pas, car, étant dépressive, elle s'ennuyait d'eux. Ne voulant pas se lier plus intimement, elle me quittait après deux mois. J'étais anéantie. Décidément, l'amour ne me réussissait pas. Mais c'était peut-être moi la fautive? M'étais-je fait des illusions à son sujet? M'étais-je trop attachée à elle? L'avais-je trop bousculée? Cette situation, je l'avais également fait subir à quelqu'un d'autre bien avant elle. Il y a toujours un retour de bâton. Elle voulait me voir quand elle en avait envie et ne pas avoir de relation trop sérieuse avec moi. Je l'aimais d'une autre façon. Ma fois, à chacune son idée. Il ne faut plus ressasser le passé. Mais l'oubli est bien souvent difficile.

Josette, comme à son habitude promit des choses qu'elle ne pouvait pas tenir. Elle nous motivait avec du *vent*. Elle m'avait promis la préretraite, car physiquement et psychologiquement je n'allais pas trop bien. Mon corps ne suivait plus, hélas. J'avais hérité de la pathologie de mes parents, j'étais également *anxio - dépressive*. Mais je me battais contre ce fléau comme je pouvais. De plus, l'arthrose et de nombreux autres petits problèmes me compliquaient la vie. J'ai souvent du mal à marcher correctement. Certes ce n'est pas pour me plaindre, car dans la vie il y a bien pire. Je me sentais comme un citron qu'on avait pressé ! J'avais tout donné et pas un centime de plus sur le compte, mais c'est un peu cela aujourd'hui le monde du travail. On prends les personnes quand on en a besoin et on les jette ensuite, tel un Kleenex. La banque dans laquelle je travaillais avait été *épaulée* deux fois de suite par l'état, car la fusion avec l'autre institut financier avait laissé des traces ! Donc, pour les employés, rien ; mais ce n'était pas le cas pour tout le monde car certaines personnes ne pouvaient pas se plaindre. Un jour en classant les archives je découvris ce que je ne devais pas voir. Comme j'étais tenue par le secret professionnel je ne disais rien à personne. Inutile de dire que j'étais très déçue !

Quelques semaines après l'annonce de ma préretraite, je subis un autre choc ! Je fus convoquée chez Josette. Elle m'annonça que la préretraite avait était refusée. On m'avait *promis du caviar, et maintenant je me retrouvais avec une pizza,* pensais-je. Mais on me prenais vraiment pour une imbécile depuis 2009 ! J'avais 54 ans à l'époque. Au Grand-Duché les personnes peuvent partir à la retraite à l'âge de 57 ans et 40 ans de vie professionnelle à leur actif. La banque ne voulait pas payer, ce n'était pas nouveau !

Josette m'avait obtenu seulement une décharge de travail et le degré de difficultés avait baissé. J'étais en rage, car ce n'était pas ce qu'elle avait promis. De plus, je ne croyais pas en la décharge quantitative ! J'allais voir notre chef de bureau et lui signifiais que, si cela continuait ainsi, j'allais me mettre quelque temps en *burn – out,* effectivement je n'aurais pas eu de mal à obtenir un certificat attestant de mon état de santé. C'est ce que beaucoup de mes collègues ont fait depuis mon départ en 2015 !

Lui, était très gentil, et il était en colère contre Josette. Il me confirma que les administrateurs avaient rejeté la demande de préretraite. Elle avait promis, erreur fatale, elle aurait dû dire « j'essaie « !

Elle avait également caché au chef que nous étions en retard dans notre travail, et quand il me posa la question je dus lui dire la vérité. Elle lui avait dit que tous les dossiers étaient à jour, or ce n'était pas le cas.

Depuis un an, une collègue en congé maternité n'avait pas été remplacée. Je l'ai signalé, car je tenais à rester honnête envers mon supérieur.

J'ai cru que Josette allait me sauter à la gorge. Mais je ne l'avais pas fait pour me venger d'elle, seulement pour dire que si les membres du service de révision l'apprenaient (*les bœufs carottes*) on allait se faire réprimander et que leur rapport allait être en conséquence.

C'était un fait !

Josette demanda sa mutation dans un autre département qu'elle quitta en 2015. Elle et son mari sont tenanciers d'un café restaurant à ce jour en Normandie.

Mon chef me confirma que dans quelques mois je serai déchargée. Et il tint sa promesse. Comme j'étais contente et heureuse.

A l'époque, comme nous changions constamment de chef de bureau, je décidai de consulter ma médecin traitant. Elle me fit un certificat d'état de santé. C'était une *assurance* que la banque n'allait pas de nouveau me surcharger de travail en cas de manque de personnel. Car un nouveau chef n'est pas toujours d'accord avec ce qui avait été convenu auparavant.

C'était ma revanche, car j'étais de plus en plus près de *la porte de sortie*. Je ne me laissais plus faire. C'était un risque oui, mais mon licenciement leur aurait coûté bien plus cher, car j'avais pas mal d'années d'ancienneté. Je n'en pouvais plus de ce surcroît de travail, car passé le cap des 50 ans, c'est dur, croyez-moi. D'un côté ils m'allégeaient, et de l'autre, ils me rajoutaient de multiples petits travaux que les autres employés ne pouvaient et ne voulaient pas faire.

Le degré de difficultés avait disparu, mais la quantité allait en augmentant encore une fois. Bien sûr, j'aidais mes collègues comme je pouvais. La mentalité avait changé. Les jeunes personnes quittaient souvent à l'heure, et ne s'investissaient plus autant que les anciens.

Avaient-ils raison ? Peut-être, car jamais un merci de la part de la banque et des responsables ! Ils été vénérés car ils avaient fait des études et on ferma bien volontiers les yeux sur leur petits défauts. On me fit des fois sentir que je n'avais pas fait d'études, mais moi cela m'indifférait complètement.

Jean-Charles et Armelle ne m'ont pas soutenue en ce qui concerne ce certificat. Ils avaient peur que je me cache derrière d'innombrables arrêts de travail. Certes, je pris depuis 2010, trois semaines d'arrêts chaque année, mais pas d'un trait et ceux-ci étaient vraiment justifiés. De toute façon Armelle commençait à me lancer constamment de petits pics. Je ne disais rien, car je ne voulais pas envenimer notre entente. J'avais l'impression qu'elle était jalouse.

En 2012, j'eus eu une nouvelle chef de groupe, Anne. Elle était flamande et avait trois enfants. Nous nous entendions bien. Avec elle, je pouvais avancer sans avoir peur que quelqu'un d'autre ne me barre la route. Elle ne me jugeait pas. Enfin quelqu'un qui savait gérer une équipe! J'étais la responsable technique et je continuais à

former mes jeunes recrues. J'adorais cela !
J'avoue qu'Anne était une fine psychologue.

J'avais de nombreux petits boulots en
dehors de mon travail. J'aidais notamment Anne
dans de petites tâches que mes autres collègues
n'avaient pas le temps ou pas envie de faire. Je ne
montrais jamais du doigt un ou une collègue qui
avait fait une erreur. Je lui signifiais tout
simplement ou je corrigeais, c'était tout. Ma
devise était:

— Touche pas à mon pote. Ne montre pas
du doigt l'erreur de ton collègue. Ne regarde pas
la nationalité ni la religion de la personne en face,

mais vois son authenticité, ses compétences et son respect envers autrui.

Un jour, Anne me dit une phrase que je n'ai pas oubliée. Elle avait su ce qu'ils m'avaient fait subir.

— Elisabeth, je trouve que tu ne travailles pas si mal dans les tâches que je t'ai confiées. Tu aimes ce que tu fais. Tu nous décharges bien. Les « autres » n'avaient pas raison. J'ai entendu leurs critiques à ton sujet. Ne t'en fait pas. Il faut juste savoir quel travail te donner et tu excelles. Ma confiance en moi allait revenir tout doucement. Merci Anne !

Je suis d'avis q*u'un boucher ne peut devenir un boulanger* du jour au lendemain, même s'il s'applique bien. Je n'ai jamais été d'accord avec cette théorie absurde, *tout le monde peut faire tous les travaux.* Il peut les faire, mais certains ne seront pas bien fait.

Malheureusement, Anne démissionna en 2014. Dommage, car les derniers mois je devais travailler avec son remplaçant, un homme qui n'avait nullement la gentillesse d'Anne. Je lui signifiais tout de suite que j'étais près de la porte de sortie. Donc, il ne m'embêtait pas de trop! J'étais la seule qui pouvait lui tenir tête, j'avoue qu' il me respectait.

Il m'aimait bien, malgré son air sévère, on rigolait souvent, mais il ne se privait jamais de m'envoyer des réflexions en demi-teinte qui me blessaient. Il faisait de même avec mes collègues.

Beaucoup de personnes n'appréciaient pas Anne, mais Jean-Paul, était méprisé par le service.

«Donc, il faut apprécier ce que l'on a, car on peut tomber sur bien pire. » La preuve !

En novembre 2014, comme ma retraite approchait à grands pas, ma remplaçante fut engagée; Gerda, une allemande. Elle était assistante dans une autre banque.

C'était une très belle jeune femme d'une quarantaine d'années. Je la pris tout de suite sous mon aile. Elle me raconta sa vie, son divorce et son problème, le fait qu'elle ne pouvait pas avoir d'enfants. Elle était en traitement chez un psychologue.

Je lui expliquais le boulot dans les moindres détails, car jamais je ne me serais permise de lui faire endurer les mêmes choses que l'on m'avait fait subir. J'y investissais beaucoup de mon énergie et de ma santé.

Nous nous réunissions une ou deux fois par jour, elle prenait des notes, se faisait un mémo. La plupart des instructions, je les lui envoyais par mail et je mettais les chefs en copie. Ainsi elle ne pouvait prétendre, après mon départ, que je ne lui avais pas expliqué mon travail . J'avais un pressentiment. Il allait se confirmer.

J'avais de plus en plus l'impression que Gerda n'était pas faite pour ce poste. Je devais répéter souvent les mêmes choses, malgré les notes qu'elle avait prises. Certaines choses étaient très faciles et techniques, d'autres moins.

Certes, comme secrétaire en faisant des petites broutilles *tape à l'oeil,* elle travaillait mieux que moi, mais pour le reste, il fallait qu'elle s'y mette sérieusement.

J'étais arrivée à la décharger de mon portefeuille qui comportait tout de même une trentaine de clients avant mon départ. C'est son collègue Jules, que j'avais formé également, qui devait le reprendre. Elle devait faire l'analyse financière, moi non. Après mon départ, ce travail a été transmis à un service « outsourcing ». Comme quoi je n'étais pas la seule à avoir eu des difficultés avec l'analyse financière.

J'avais négocié ceci avec la direction. Je voyais bien qu'elle avait du mal à assurer. C'est vrai qu'elle avait une charge de travail plus importante que moi, étant donné qu'elle n'avait pas le même statut de *poste déchargé*; enfin, si on pouvait appeler cela ainsi, car en fin de compte j'avais, avec tous mes petits travaux techniques, autant de travail que les autres.

Elle accusa mes collègues de ne pas lui montrer et expliquer le travail. Mais c'était un mensonge, car j'étais présente aux moments des explications.

Mes collègues s'occupaient bien d'elle, mais se reposaient à 70 % sur moi ! Ils n'avaient pas le temps et c'est moi qui recommençait à répéter toujours les mêmes choses !

Elle commença à me jalouser, car elle vit que je m'entendais bien avec eux, et que je faisais le maximum pour que le climat soit bon. Je ne suis, bien évidemment pas un ange, j'ai des défauts comme tout un chacun; je préfère une discussion franche et pas d'hypocrisie ! Pour moi personnellement je ne me faisais plus de soucis car ma retraite approcha à grands pas, et mes protagonistes étaient partis depuis !

Elle critiqua ouvertement mon surpoids à la cantine ce qui, bien sûr, n'était pas un sujet de conversation approprié..

Pour moi la devise était: *Il vaut mieux faire envie que pitié.* Et puis j'avais hérité du gabarit de mémère Marie-Anne, mais je faisais et fait encore le maximum pour ne pas trop prendre de poids.

Après tout le désordre qu'elle créa, je demandai une entrevue à la direction.

Je n'en pouvais plus, elle avait tout fait pour créer la discorde et avait dépassé les bornes.

Je leur expliquais que, normalement j'étais tout près de ma retraite, mais que je n'avais pas envie de quitter le service en abandonnant tout le monde à un pareil énergumène. D'habitude je n'allais jamais voir la direction. Je réglais moi-même mes problèmes.

On supposa peut-être que je ne voulus pas lui céder mon poste? Mais loin de là, car j'étais heureuse de quitter enfin ce *bunker maudit* qui m'avait pratiquement détruite !

Entre-temps un collègue Bernard, commençait à s'intéresser un peu trop à moi. Il me fit des remarques déplacées et je lui fit savoir qu'il ne m'intéressait pas. Je lui disait que je connaissais des personnes haut-placées et que s'il n'arrêtait pas de me harceler que j'allais m'adresser à elles. Il cessa de m'embêter sur le champ ! Je l'ai revu deux fois, la deuxième fois il a baissé les yeux quand il m'a vu, et tant mieux !

En avril 2015, à 6 semaines de ma retraite je fit une grosse dépression. La femme dont j'étais tombée amoureuse m'apprit que ce n'était pas réciproque. Elle était mariée, sans enfants.. Je n'ai jamais su si elle avait dit cela pour ne pas faire son *coming out* ou bien si effectivement je ne l'intéressais pas. Tant pis ! Nous nous entendions bien, mais sa situation professionnelle et son mariage étaient plus importants pour elle. Je ne lui en tint jamais rigueur. C'était quelqu'un de très gentil et de compétent.

Actuellement elle travaille en Allemagne et est directrice d'un département. Je suis très heureuse pour elle.

Gerda me téléphona pendant mon arrêt, car après 5 mois et demi de stage avec moi et mes collègues, elle ne progressait toujours pas dans son travail. Elle m'envoya même un SMS qui n'avait pas sa raison d'être. C'en était de trop, je l'appelais.

Je lui dis enfin ses quatre vérités. Il était temps. Il fallait qu'elle se débrouille toute seule, ce qui déplût fortement à Jean-Paul, le chef de groupe. Mais cela m'était égal, j'étais à bout de forces.   Il me signifia que j'étais encore sous contrat et que je devais revenir travailler. Je lui dit que j'étais malade et que je ne reviendrais plus.

En ce qui concernait Gerda j'avais fait tout mon possible avec elle. Elle devait se débrouiller seule.

J'étais allée déjeuner avec Jean-Paul quelque mois plus tard pour lui expliquer la situation, ce que, bien évidemment, je n'aurais jamais dû faire, je l'avoue. Jean-Paul est un être qui se croit supérieur et parfait. Avec lui je n'ai jamais mâché mes mots et lui ne s'en privait pas non plus. Garda a galéré sous ses ordres.

« Cet cauchemar est enfin terminé», pensais-je. Après plus de 40 ans de travail, me voilà libérée de cette contrainte. Plus besoin de se lever à 5 h 30 pour aller travailler. Plus besoin de prendre le bus. C'était fini les bouchons, le stress, supporter des chefs et remarques déplacées et certains collègues hypocrites.

En 2015 je commençais à faire du bénévolat. Malheureusement après trois mois, je fis une rechute et quittais l'association. J'avais fait un transfert de travail à un autre et cela devenait bien trop stressant pour moi. Les bénévoles profitaient de moi et me refilaient le sale boulot que personne ne voulait faire.

« Mais le bien on peut le faire tous les jours, pensais-je. Il faut juste regarder autour de soi. »

J'organisais des travaux de réparation dans ma maison, car elle en avait besoin.

En février 2016 j'adoptais un nouveau petit chien, *Filou*, un bâtard.

Topaze était décédé en juin 2011. La vétérinaire n'avait pas su voir que, le matin quand je suis allée au cabinet, il n'avait pas la gastro mais le début d'une maladie cardiaque.

Depuis ma retraite, j'ai encore régulièrement des contacts avec Mylène et Justine, la déléguée du personnel. Elles ne m'ont pas oublié. Je soigne mes relations comme les roses de mon jardin. Le travail peut rester, mais si on blesse quelqu'un on risque de ne jamais plus le revoir ! Pour moi personnellement, l'amitié est plus importante que les choses matérielles.

Mes amies viennent chez moi ou bien je me rends en ville pour aller déjeuner avec elles. Gerda ne s'est pas fait accepter par les autres, elle galère toujours autant pour s'en sortir et prend plus d'arrêts de maladie que moi. Mais je souhaite qu'elle se rétablisse très vite et qu'elle change éventuellement de travail, car elle peut encore le faire ! C'est la meilleure solution pour elle et pour tout le monde. Jean-Paul ne la ménage pas.

Moi-même je me suis mise à l'écriture. Mon premier roman étant sorti en 2018. Quelle galère ! J'ai dû contacter 96 éditeurs pour obtenir un contrat à compte d'éditeur. Mais qui dit contrat d'éditeur ne dit pas forcément un bon suivi au sujet du marketing. Certains propriétaires de petites maisons doivent exercer deux métiers pour survivre et n'ont pas le temps de s'investir pleinement dans le suivi ! Ensuite le favoritisme existe aussi dans cette branche.

En 2019 j'en ai sorti un deuxième, les suivants ont été édités en auto-édition en avril 2020 jusqu'à ce jour. Je n'ai jamais abandonné mes projets. Ma mentor qui habite à l'étranger, à Genève, m'a toujours soutenue. Je n'oublierai jamais.

Un jour le miracle se produisit. Je revis Marie-Claire, mon amie de jeunesse à un salon du livre, elle est devenue ma correctrice. Comme je suis contente ! Marie-Claire a divorcé et vit seule depuis quinze ans. Elle a deux enfants.

Je ne me suis pas privée pour en informer Jean-Paul qui m'avait reproché de ne pas m'investir dans ma carrière. Ainsi il a pu constater que j'ai réussi ma vie autrement.

En ce qui concerne mon frère et ma belle-sœur, notre relation a tourné au vinaigre. Armelle, revenant toujours et encore sur d'anciennes histoires que j'avais oubliées. Maman m'avait laissé une plus grande part de la maison de mémère Marie-Anne, car je m'occupais d'elle. Ceci n'a pas plu à Armelle, mais je peux la comprendre, la jalousie est hélas humaine. Elle a monté la tête à Jean-Charles contre moi. Je leur avait même versé un petit montant pour que cela cesse, mais en vain. Elle m'avait signifié que c'était largement insuffisant. De plus cela ne lui a pas plu que je trouve un éditeur. Pour elle, cela durait depuis trop longtemps et je n'avais qu'à abandonner mes projets. Mais c'était sans compter sur ma ténacité ! C'est elle qui m'a corrigé mes premiers manuscrits. Il faut dire qu'elle excelle en allemand, mais pas en français. Depuis, je me suis améliorée d'après Marie-Claire. Armelle me lançait plein de petits pics qui empoisonnaient ma vie. Elle a éloigné Jean-Charles de moi. J'ai donc décider de rompre tout contact avec elle.

J'écris des mails à Jean-Charles, il me réponds toujours. Je l'ai aussi contacté par téléphone et on s'est revu deux fois dans un café. Au moins cela s'est arrangé entre nous, et tant mieux. Durant la période du confinement il m'a envoyé des vidéos pour me remonter le moral. Il m'a même félicité pour mes nouveaux romans, mais jamais il ne lui viendrait à l'idée de me lire. Il préfère les romans qui sont écrits en allemand. Il a compris et tant mieux pour moi. Un bon orage clarifie souvent le ciel.

Après l'avoir invité plusieurs fois chez moi, et n'ayant pas reçu de réponse, je n'ai plus insisté. On se reverra donc dans un café. Cela ne sera plus totalement comme avant, mais je pourrais fermer les yeux tranquillement ayant fait la paix avec lui et avec moi-même !

Mon cercle d'amis a rétréci, et tant mieux, j'avoue que je me sens beaucoup mieux. Je n'ai pas besoin de personnes toxiques et néfastes autour de moi qui me volent mon énergie et m'empoisonnent la vie.

Filou et moi avons été membres d'un club canin. Nous y avons fait de l'éducation. Nous n'y sommes plus, l'ambiance étant devenue invivable.

Une ancienne collègue de mon département m'a averti que mon service allait fermer et que tout le travail allait être distribué à d'autres filiales européennes. Je suppose que début 2024 cela va être la fermeture complète.

Du déjà-vu pensais-je. Dieu Merci, j'étais partie à temps ! Les pauvres employés qui ne voudront pas déménager seront licenciés.

J'ai aussi repris contact avec ma cousine, qui en fait est ma marraine. Elle avait agressé maman dans les années 60 à cause d'une question d'héritage. Elle a réagi positivement à ma demande de contact. Elle a un sacré caractère, mais n'est pas méchante. Il suffit juste de ne pas tout lui raconter comme à beaucoup de personnes. Cela m'évite un retour du bâton ou des discussions inutiles qui enveniment notre relation naissante.

Et pour terminer, j'aimerais dire que j'ai eu de très bons moments dans ma vie, mais que tout n'était pas toujours rose. C'est la vie de tout un chacun je pense, ou presque. Beaucoup de personnes se ressemblent et mènent une vie semblable !

Derrière chaque porte il y a un secret que l'on n'a pas toujours envie de révéler ou de découvrir.

Cette devise, je ne l'ai jamais oubliée:

Chaque être a la possibilité de changer certaines situations dans sa vie. Il faut juste en avoir le courage et la volonté. Certains le font, d'autres pas.

Ce roman est basé sur la pure imagination de l'auteur. Les personnages et situations ont été inventés de toute pièce. Toute ressemblance serait due au fruit du pur hasard.

Remerciements

Je remercie :

- Marie-Josée et Julie pour leur patience et leur soutien.

- Ma mentor, pour son soutien indéfectible.

- Mes connaissances et amis.

- BoD qui m'a permis d'être éditée et lue.

© 2022, Elisabeth de Cuny

Édition : BoD – Books on Demand,

12/14 rond-point des Champs-Élysées,
75008 Paris

Impression : BoD - Books on Demand,
Norderstedt, Allemagne

ISBN: 9 782322 410538

Dépôt Légal: Janvier 2022